하루 동안 수학자 되어 보기

My STEM Day Mathematics

ⓒ 2019 Welbeck Publishing Group Limited
First published in the UK in 2019 by Carlton Kids, an imprint of Welbeck Publishing Group Limited
All rights reserved.
Korean Language edition ⓒ 2021 by The Forest Book Publishing Co.
Korean translation rights arranged with Welbeck Publishing Group Limited
through EntersKorea Co., Ltd., Seoul, Korea.

이 책의 한국어판 저작권은 (주)엔터스코리아를 통한 저작권사와의 독점 계약으로
도서출판 더숲이 소유합니다. 저작권법에 의하여 한국 내에서 보호를 받는 저작물이므로
무단전재와 무단복제를 금합니다.

하루 동안 수학자 되어 보기

1판 1쇄 인쇄 2021년 8월 16일
1판 1쇄 발행 2021년 8월 23일

지은이 앤 루니
그린이 댄
옮긴이 서지희

발행인 김기중
주간 신선영
편집 정은미, 민성원, 이상희
마케팅 김신정, 최종일
경영지원 홍운선
펴낸곳 도서출판 더숲
주소 서울시 마포구 동교로 43-1 (04018)
전화 02-3141-8301
팩스 02-3141-8303
이메일 info@theforestbook.co.kr
페이스북·인스타그램 @theforestbook
출판신고 2009년 3월 30일 제2009-000062호

ISBN 979-11-90357-76-0 74400
       979-11-90357-72-2 (세트)

※ 이 책은 도서출판 더숲이 저작권자와의 계약에 따라 발행한 것이므로
   본사의 서면 허락 없이는 어떠한 형태나 수단으로도 이 책의 내용을 이용하지 못합니다.
※ 잘못된 책은 구입하신 곳에서 바꾸어 드립니다.
※ 책값은 뒤표지에 있습니다.

SCIENCE　　TECHNOLOGY　　ENGINEERING　　MATHEMATICS

하루 동안
수학자 되어 보기

아침부터 저녁까지 생활 속 수학을 찾아다니는 STEM 수업

앤 루니 지음 | 댄 그림 | 서지희 옮김

더숲 STEAM

차례

STEM이 궁금해요 6

일어날 시간이야! 8

나의 하루 일과를 살펴보자 10

거울에 얼굴을 비춰 봐 12

테트리스 한판 어때? 14

내가 길을 가르쳐 줄까? 16

친구야, 널 프로그래밍할래 18

양수와 음수는 무슨 관계? 20

깊고 깊은 바닷속으로 22

내가 달린 거리는 얼마? 24

뚝딱뚝딱 집을 짓자 26

똑같이 나눠 먹자 28

분수를 그림으로 그려 볼까? 30

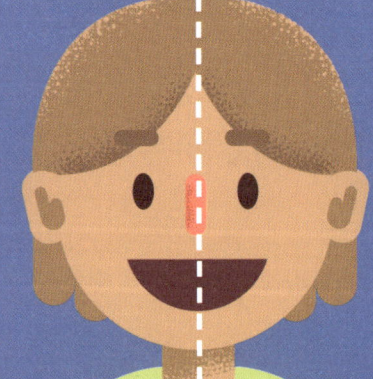

네 몸은 양쪽이 똑같니?

내 정답률은 몇 퍼센트?	32
양말로 배우는 분수	34
빨간 망토를 입을 수 있을까?	36
친구와 확률을 따져 보자	38
쇼핑할 때 알아야 할 것	40
돈을 많이 모아 보자	42
작은 크기로 모형 만들기	44
그림자로 나무 높이 구하기	46

욕조에 몸을 담그면	48
내 손의 부피는 얼마일까?	50
타일에 숨겨진 비밀은?	52
토스트로 쪽 맞춤 하기	54
밤하늘의 별을 세어 봐요	56
많고, 많고, 많은	58
수학은 어디에나 있어요!	60
퀴즈 시간!	61
정답	62

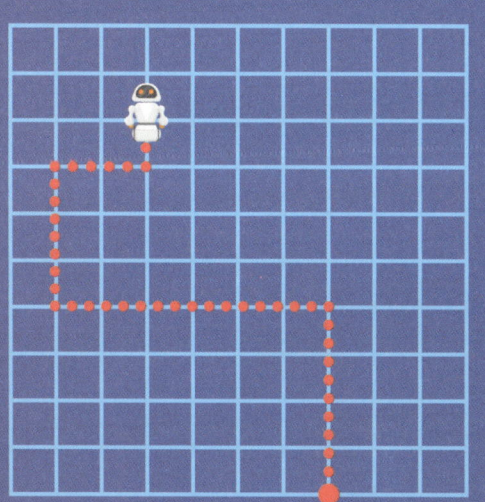

STEM이 궁금해요

STEM은 우리 주변 어디에나 있어요. 하지만 꽃의 줄기(stem)를 말하는 건 아니에요! 과학(Science), 기술(Technology), 공학(Engineering), 수학(Mathematics)의 줄임말이랍니다.

자전거를 얼마나 오래 탔는지 시간을 재거나, 곤충의 다리 수를 세거나, 여러분이 얼마나 높이 뛸 수 있는지 재 본 적이 있나요? 그렇다면 여러분은 이미 STEM을 이용한 거예요. 과학자와 공학자는 오래전부터 자신들이 세상에 대해 이해한 내용을 바탕으로 우리가 매일 사용하는 도구, 구조, 과정 등을 발전시켜 왔답니다.

세상이 어떻게 돌아가는지 궁금한가요? 질문을 하고 새로운 아이디어를 시험해 보기를 좋아하나요? 어쩌면 패턴을 찾아내고, 문제를 해결하고, 원리를 발견하는 데 소질이 있는 사람도 있을 거예요. 한 번 해 봐서 잘 안 되면 다른 방법으로 다시 해 본다고요? 그렇다면 여러분은 STEM이 만들어 온 세상을 좋아하게 될 거예요.

수학은 STEM의 네 가지 분야 가운데 하나예요.
수, 양, 도형과 세상의 모든 사람이 이해할 수 있는
언어를 공부하는 것이죠. 케이크를 구울 때 필요한
재료들의 양을 재는 것부터 표에 있는 수치를 비교하거나,
새 장난감을 사려면 지폐가 몇 장 필요한지 알아내는
것까지 수학은 어디에나 쓰여요.

1 ÷ 6 = 1/6

우리 일상에서 수학은 없어서는 안 돼요.
수학 덕분에 우리는 기차 시간표를 보고,
피자를 나누어 먹고, 수영장에 깔 타일의 수를
계산하고, 하늘에 떠 있는 별의 수를 알아낼
수 있지요! 조금만 알고 나면 여러분이 가는
곳마다 수학을 적용한 예를 발견할 거예요!

STEM의 다른 분야들은 무슨
일을 할까요? 과학은 자연과
그와 관련한 수수께끼를
조사하고, 기술은 유용한
기구와 새로운 방법을
찾아내고, 공학은 구조물,
기계 제작과 관련한 문제를
해결합니다. 이것들이 합쳐져
엄청난 것을 탐험하고
창조합니다!

STEM의 네 가지 분야

과학   기술   공학   수학

일어날 시간이야!

아침에 몇 시에 일어나나요? 학교에 가는 날이면 우리는 자주 늦었다는 말을 들을 거예요. 하지만 모두 늦잠을 자고 싶어 하는 주말에는 더 자라는 말을 들을지도 몰라요!

우리는 하루를 24시간으로, 1시간을 60분으로, 1분을 60초로 나눠요. 이는 고대 바빌로니아 사람들이 처음 생각해 냈어요. 그들의 수 체계가 60을 기준으로 쓰였는데 그것이 지금까지 이어진 거예요.

우리는 12시간 시계나 24시간 시계를 보고 시간을 알아요. 12시간 시계는 밤 12시(자정)에 시작해 낮 12시(정오)까지 가는데 이를 오전(am)이라고 해요. 정오가 지나면 오후(pm)가 시작되지요. 바늘 달린 시계는 12시간 시계예요. 디지털시계는 24시간 체계를 써서 23시 59분(자정 1분 전)까지 표시할 수 있어요.

자정에서 잠자리에 든 시간을 빼고, 자정부터 잔 시간을 더하면 잠을 몇 시간 동안 잤는지 알 수 있어요. 만약 오후 8시에 잠들었다면 그건 자정 4시간 전이죠. 오전 7시 30분에 일어났다면 그건 자정 7.5시간 후고요. 이 둘을 더하면 4+7.5=11.5시간 잔 거랍니다.

시간을 이용해 속도를 잴 수 있어요. 무언가가 이동한 거리를 걸린 시간으로 나누면 속도를 알아낼 수 있지요. 즉 3백 걸음을 3분 동안 걸어갔다면 여러분 속도는 분당 1백 걸음이에요. 속도는 보통 시간당 마일(mph)이나 시간당 킬로미터(km/h)로 나타낸답니다.

나의 하루 일과를 살펴보자

준비물
- 스톱워치
- 연필과 종이
- 모눈종이
- 색연필이나 펜
- 자

여러분은 시간을 얼마나 잘 관리하나요? 항상 하고 싶은 일을 다 하기에는 시간이 부족하다는 생각이 드나요? 아니면 하루의 절반은 빈둥거리기만 하나요? 하루 시간을 어떻게 쓰는지 알아보아요.

이렇게 만들어요

1 규칙적으로 하는 모든 활동의 시간을 적어요. 학교까지는 얼마나 걸리나요? 이를 닦는 시간은 얼마나 걸리지요? 화장실에는 얼마나 오래 있나요? 학교에 가는 날에는 수업을 몇 시간이나 하나요? 밥 먹는 시간은 얼마나 걸리고 잠은 얼마나 자나요? 컴퓨터를 하거나, 텔레비전을 보거나, 책을 읽는 시간은요? 모든 활동 시간을 적어요.

2 하루 동안 하는 모든 활동의 시간을 다 적었다면 모눈종이에 그래프를 그릴 거예요.

3 모눈종이에 24×30칸 크기로 직사각형을 그려요. 각 칸은 2분을 나타내고 30칸짜리 한 줄이 한 시간이에요.

4 가장 많은 시간을 보내는 일부터 (아마 잠 자기겠죠!) 모든 활동을 칸에 색칠해요. 잠을 열 시간 잔다면 60×10=600분이므로 300칸, 즉 30칸을 열 줄 칠해야 해요.

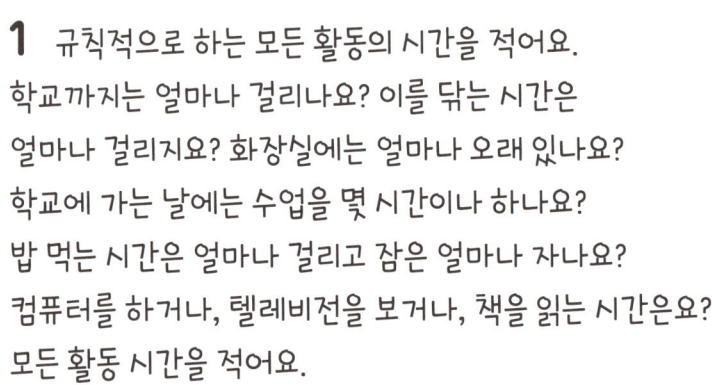

5 활동마다 서로 다른 색깔로 칠해요.

6 마지막에 흰색 칸이 몇 개 남나요? 그 수에 2를 곱하면 여러분이 계산하지 않은 시간이 몇 분인지 알 수 있어요. 그 시간에는 무엇을 할 수 있을까요?

이제 여러분이 생각하는 완벽한 날을 떠올려 보아요. 무엇을 하고 어디에 갈까요? 각 활동의 시간을 적고 또 다른 그래프로 그려요.

흠!

함께 풀어 보아요

아래 친구는 오후 4시에 집을 나서요. 첫 번째 시계를 참고해 각 시계에 이 친구가 해당 활동을 마치는 시간을 표시해요.

버스 정류장에서 기다리기: 10분

버스 타기: 25분

영화 보기: 1시간 50분

음식점으로 걸어가기: 5분

피자 먹기: 50분

정답은 책 뒤쪽에.

거울에 얼굴을 비춰 봐

학교에 가기 전에 거울을 보며 턱에 치약이 묻었는지 확인해요. 거울에 비친 모습은 좌우만 바뀌었을 뿐 여러분과 똑같다는 걸 눈치챘나요? 이것은 변환의 한 예랍니다.

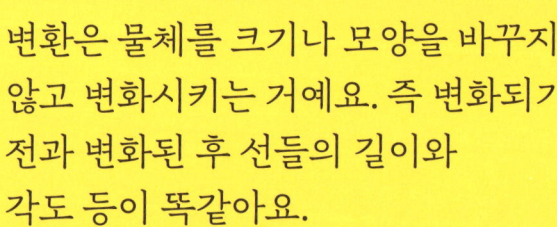

변환은 물체를 크기나 모양을 바꾸지 않고 변화시키는 거예요. 즉 변화되기 전과 변화된 후 선들의 길이와 각도 등이 똑같아요.

거울에 반사된 상은 좌우가 바뀌었을 뿐 똑같은 모습이에요. 어떤 모습과 그것의 상은 마주 보는 모양이 똑같은 대칭을 이루어요. 반사는 수평 또는 수직으로 될 수 있어요. 물에서 헤엄치는 새에서 수직 반사를 볼 수 있답니다.

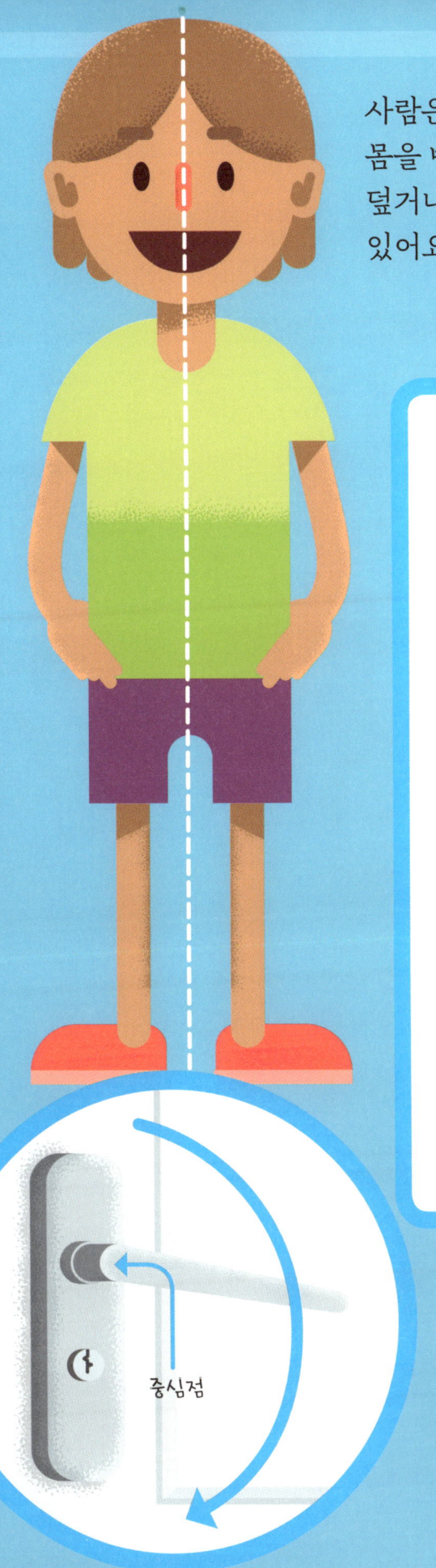

사람은 대부분 좌우가 대칭이에요. 척추를 따라 몸을 반으로 접는다면 한쪽이 다른 한쪽을 빈틈없이 덮거나 서로 겹칠 거예요. 옷을 갤 때 이를 알 수 있어요. 이때 접어서 생긴 선을 대칭축이라고 해요.

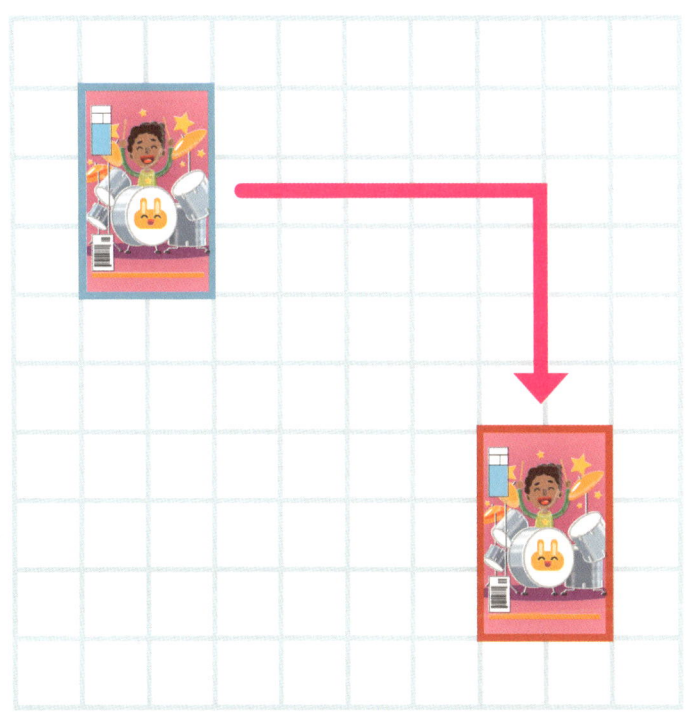

밀기는 크기 변화, 돌리기, 뒤집기 없이 새로운 자리로 옮겨지는 거예요.
책상 위에서 만화책이나 유리컵을 다른 쪽으로 움직이는 것이 밀기예요.

돌리기는 한 점이 그대로 있고, 그 점을 중심으로 나머지 부분이 돌아가는 거예요. 어떤 도형을 한 바퀴, 즉 360도 돌리면 그것은 본래 자리로 되돌아가게 되지요.

테트리스 한판 어때?

준비물
- 모눈종이(한 칸이 0.5센티미터인 것이 좋음)
- 가위
- 색펜이나 연필

밀기 방식으로 블록을 맞추는 게임을 만들 수 있어요. 이것을 테트리스라고 하지요. 아마 컴퓨터나 휴대 전화로 해 본 적이 있을 거예요.

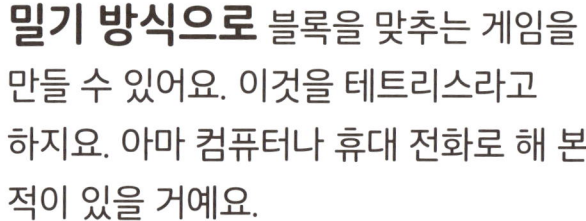

이렇게 만들어요

1 모눈종이에 아래 도형을 베껴요. 도형마다 다섯 개 이상 필요해요.

2 게임을 더 재미있게 하고 도형을 쉽게 구분하도록 블록 양면에 색칠을 해요.

3 도형을 빈틈이 없게 또는 거의 없게 맞추어요. 이때 밀기, 돌리기, 뒤집기를 이용해요.

4 최대한 빨리 블록을 맞춰요! 얼마나 빠르게 하는지 시간을 재도 좋아요.

함께 풀어 보아요

아래 동물 그림을 보아요. 돌리기를 한 동물과 뒤집기를 한 동물을 구분할 수 있나요?

1

2

3

4

정답은 책 뒤쪽에.

내가 길을 가르쳐 줄까?

여러분은 학교에 가는 길을 잘 알지요.
하지만 옆집에 누군가 이사 온다면 거리와 각도를 이용해 길을 설명해 줘야 할지도 몰라요.

동쪽으로 45도 회전한 다음 50킬로미터를 항해해!

바다에서 배를 탄다면 가려고 하는 곳까지 쭉 갈 거예요. 길을 알려 주려면 각도(회전하는 정도)와 가야 할 거리를 알아야 하지요. 하지만 학교에는 이 길, 저 길을 따라서 가야 해요.

길을 설명할 때는 방향과 거리를 알려 주어야 해요. 거리의 단위에는 걸음, 야드, 미터, 킬로미터, 마일 등이 있지요. 방향은 왼쪽, 오른쪽, 앞, 뒤, 나침반의 방위(동, 서, 남, 북), 각도 등으로 나타내요.

때로는 숫자들을 짝지어 어떤 한 지점을 나타내기도 해요. 이 숫자들을 좌표라고 하며, 수학에서는 좌표를 'x'선과 'y'선이 있는 격자 면에 표시해요. 오른쪽 그림에서 좌표 2, 3은 수평선(x축)을 따라 오른쪽으로 2칸, 수직선(y축)을 따라 위로 3칸 움직인 지점을 나타낸답니다. 좌표는 단 한 지점만 나타내지요.

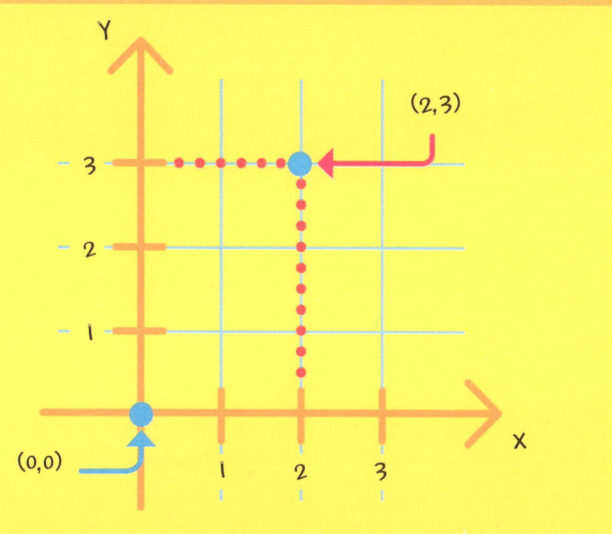

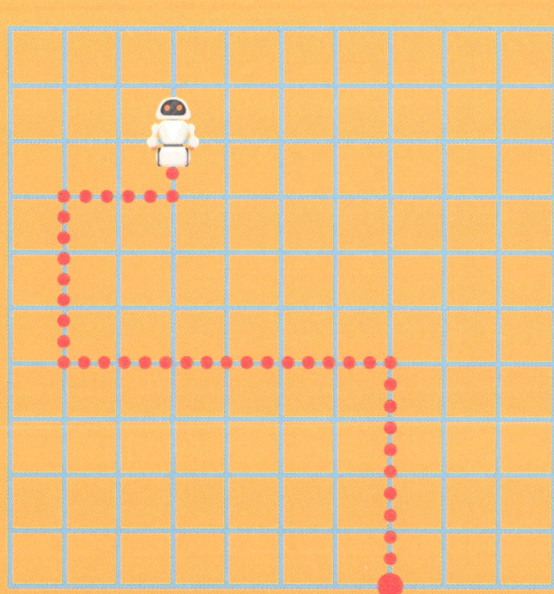

정확한 명령은 컴퓨터 프로그래밍에서도 기본이에요. 여러분은 작은 로봇에게 아래와 같은 명령을 내려 단순한 프로그래밍을 배울 수 있어요.

위로 4, 왼쪽으로 6, 위로 3, 오른쪽으로 2, 위로 1.

명령의 집합을 알고리즘이라고 해요. 이것이 모든 컴퓨터 프로그램의 중심이지요. 컴퓨터가 어떤 과정의 각 단계를 하나하나 처리하려면 정확하고 자세한 명령어가 있어야 해요. 무언가가 빠지거나 정확하지 않으면 컴퓨터가 알아서 추측할 수는 없답니다.

위로 4, 왼쪽으로 6, 위로 £, 오른쪽으로 2, 위로 1.

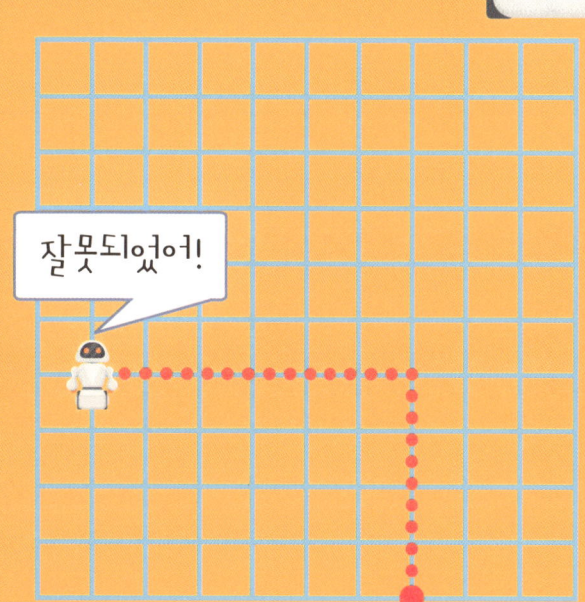

친구야, 널 프로그래밍할래

준비물
- 친구
- 넓은 곳
- 빵, 버터, 햄, 치즈 또는 좋아하는 간식 재료

명령어를 얼마나 잘 쓸 수 있나요? 무인 자동차는 명령어에 따라 한 곳에서 다른 곳으로 움직여요. 여러분도 친구를 무인 자동차처럼, 아니면 로봇처럼 움직이게 프로그래밍할 수 있나요?

이렇게 만들어요

1 친구가 보지 않을 때 시작점부터 목적지까지 걸으며 경로를 짜요(예를 들면 놀이터의 정글짐에서 그네까지). 여러분이 만든 경로를 다음과 같이 명령어로 적어요. '앞으로 5걸음, 좌회전, 앞으로 6걸음, 우회전, 앞으로 4걸음……'

2 친구를 시작점에 세우고 명령어를 한 번에 하나씩 외쳐요. 잘되나요? 친구가 올바른 방향으로 움직이나요?

우회전!

3 간식을 만들어 주는 로봇이 있다면 얼마나 좋을까요? 샌드위치를 만드는 모든 단계를 생각해요. 여러분의 로봇은 칼 들기나 병뚜껑 열기 등을 비롯해 시키지 않는 일은 전혀 하지 않아요!

4 명령문을 아주 자세하고 정확하게 만들어요. 필요한 모든 것을 준비한 다음 친구가 명령문을 따라 행동하게 해요. 친구에게 아무 추측도 하지 말고 명령문에 없는 것은 하지도 말라고 해요. 샌드위치를 얻었나요?

 함께 풀어 보아요

아래 명령문을 따라 움직이면 쥐는 어떤 간식을 얻을까요?

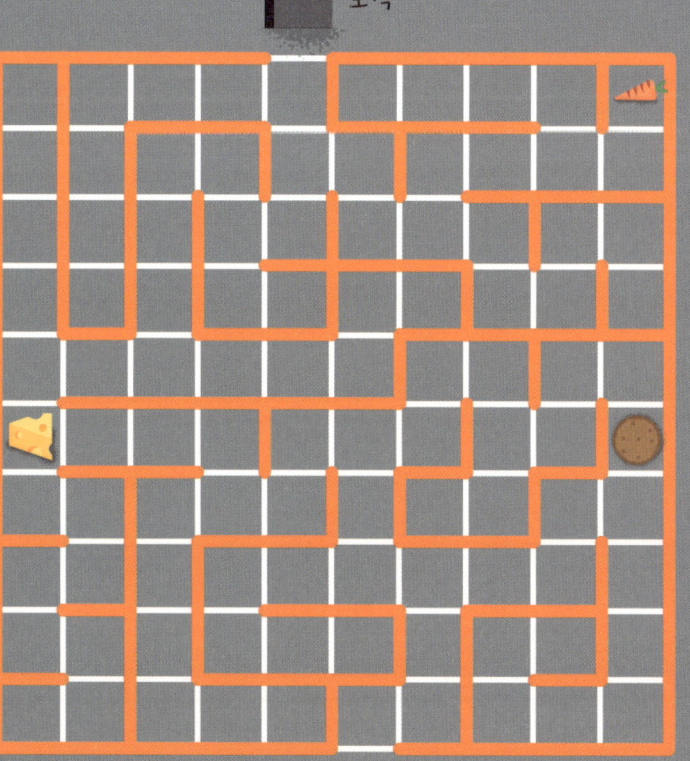

위로 1, 오른쪽으로 1, 위로 2, 왼쪽으로 1, 위로 2, 왼쪽으로 1, 아래로 1, 왼쪽으로 1, 위로 1, 왼쪽으로 3

쥐가 간식을 먹은 다음 쥐구멍으로 들어갈 수 있게 명령문을 만들어요.

여기에 정답을 적어요.

....
....
....
....

정답은 책 뒤쪽에.

양수와 음수는 무슨 관계?

학교나 가게에 갈 때 언덕을 올라가거나 내려가야 하나요? 길이 평평한가요? 세상은 울퉁불퉁한 땅으로 되어 있어요. 또 전 세계에는 물도 있죠.

육지의 높이를 잴 때는 해수면을 0점으로 해요. 대부분 육지는 해수면보다 높지만 바다 밑에 있는 모든 것은 해수면보다 낮아요.

0보다 큰 수도 있지만 작은 수도 있어요. 0보다 작은 수는 음수라고 하고 앞에 마이너스 부호(-)를 붙여요. 해수면보다 낮은(0보다 낮은) 곳까지 거리를 재려면 음수가 있어야 해요.

수직선을 이용하면 음수를 계산하기가 쉬워요. 음수는 0의 왼쪽에, 양수는 0의 오른쪽에 있답니다.

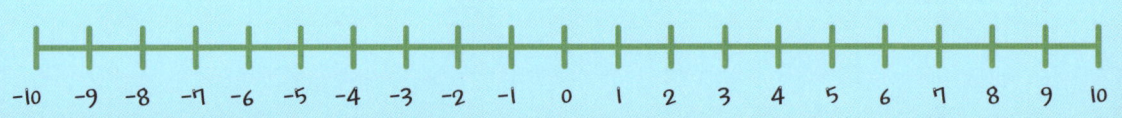

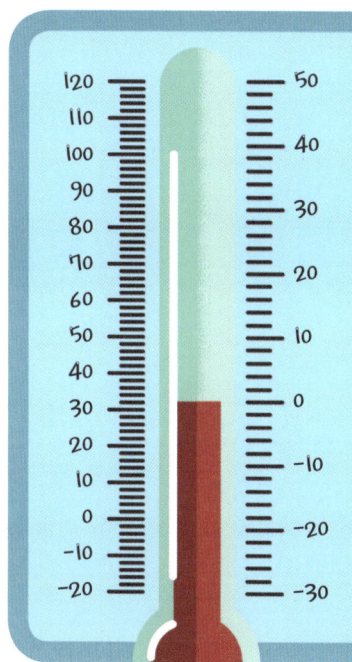

밖에 나가면 추울 때가 있어요. 그래서 높이뿐만 아니라 온도도 음수가 될 수 있어요. 세상에는 몹시 추운 날 온도가 0보다 훨씬 더 아래로 내려가는 곳도 많답니다!

 + 양

 − 양

음수는 계산할 때도 사용해요. 양 10마리를 키우는 농부가 있다고 상상해요. 그 농부는 양 1마리가 집으로 돌아올 때마다 돌멩이 한 개를 항아리에 넣어요. 해 질 녘 양 7마리는 집에 왔지만 3마리가 아직 보이지 않아요. 농부는 '+ 양' 항아리에 든 돌멩이 7개와 남은 돌멩이 3개를 갖고 있어요. 이때 농부는 돌멩이 3개를 '− 양'으로 여겨요.

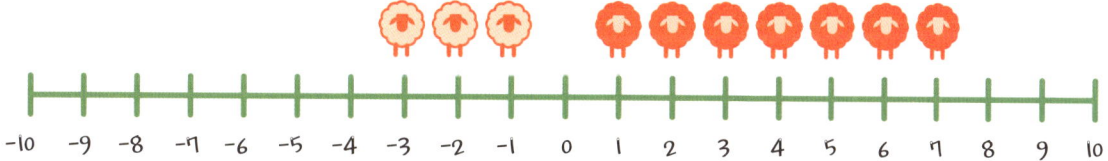

만약 1마리가 또 길을 잃고 헤맨다면 '+ 양'은 7−1=6마리가 되어요. 그러면 추가로 사라진 양은 '− 양'의 수를 늘려 −4로 만들지요.

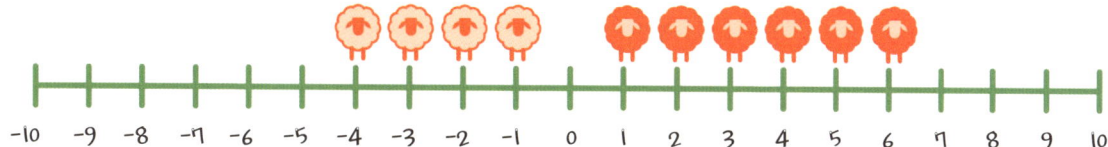

만약 사라졌던 양 2마리가 돌아온다면 −4에서 2를 빼앗아 오므로 사라진 양은 −2가 되지요 (−4−−2=−2). 음수의 뺄셈에서는 '−' 두 개가 만나면 더하기가 됩니다. 빼앗겼던 것 가운데 일부를 빼앗아 오는 거니까요!

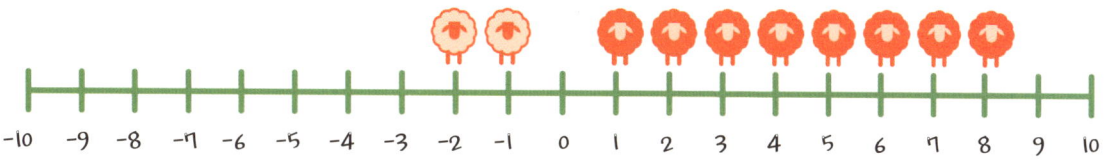

깊고 깊은 바닷속으로

바닷속이 어떤지 살펴보아요.
생물은 모두 서로 다른 고도 또는 깊이에 있어요.
이 수치들을 이용해 아래 질문에 답해 보아요.

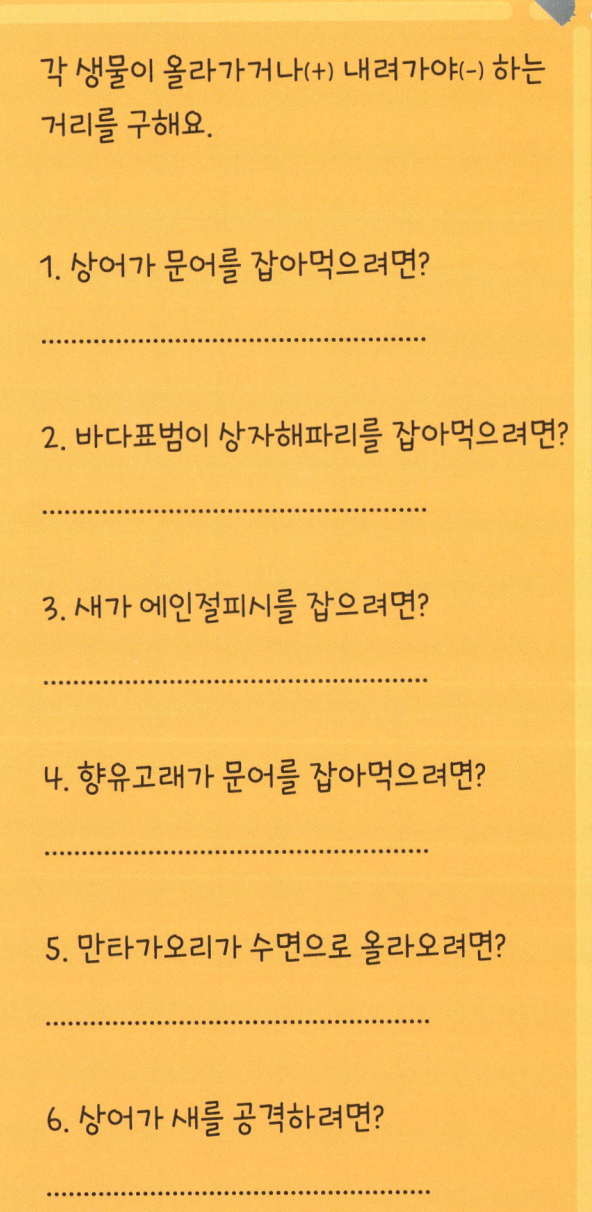

바다표범 1.5m
상자해파리 -10m
만타가오리 -20m
향유고래 -45m

각 생물이 올라가거나(+) 내려가야(-) 하는 거리를 구해요.

1. 상어가 문어를 잡아먹으려면?
....

2. 바다표범이 상자해파리를 잡아먹으려면?
....

3. 새가 에인절피시를 잡으려면?
....

4. 향유고래가 문어를 잡아먹으려면?
....

5. 만타가오리가 수면으로 올라오려면?
....

6. 상어가 새를 공격하려면?
....

새 5m

에인절피시 -5m

바다거북 -15m

문어 -30m

상어 -40m

정답은 책 뒤쪽에.

5m
0
-5m
-10m
-15m
-20m
-25m
-30m
-35m
-40m
-45m
-50m

23

내가 달린 거리는 얼마?

체육 시간에는 달리기도 해요.
운동장 전체를 달린다면 그 거리를 어떻게 계산할까요?

어떤 도형의 가장자리를 한 바퀴 돈 길이를 둘레라고 해요.
둘레를 구하려면 모든 변의 길이를 다 더해야 해요.
정사각형은 네 변의 길이가 같아서 둘레를 구하기가 쉬워요.

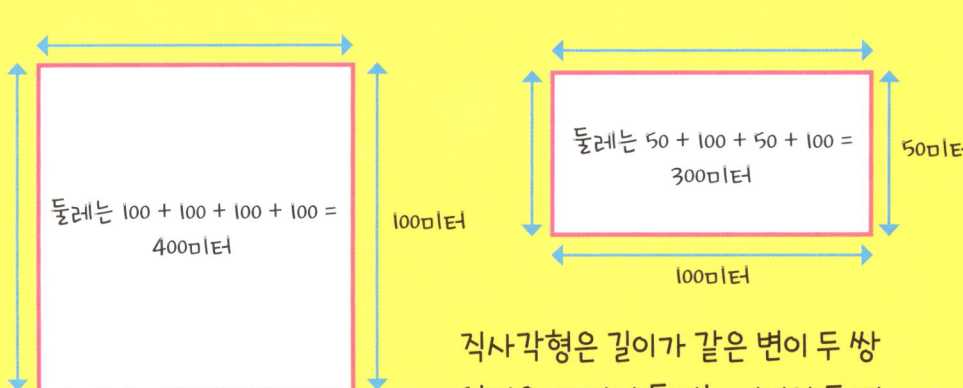

직사각형은 길이가 같은 변이 두 쌍 있어요. 그래서 둘레는 너비의 두 배 더하기 높이의 두 배가 된답니다.

특이한 도형의 둘레를 구할 때는 모든 변을 다 더하면 되지요.

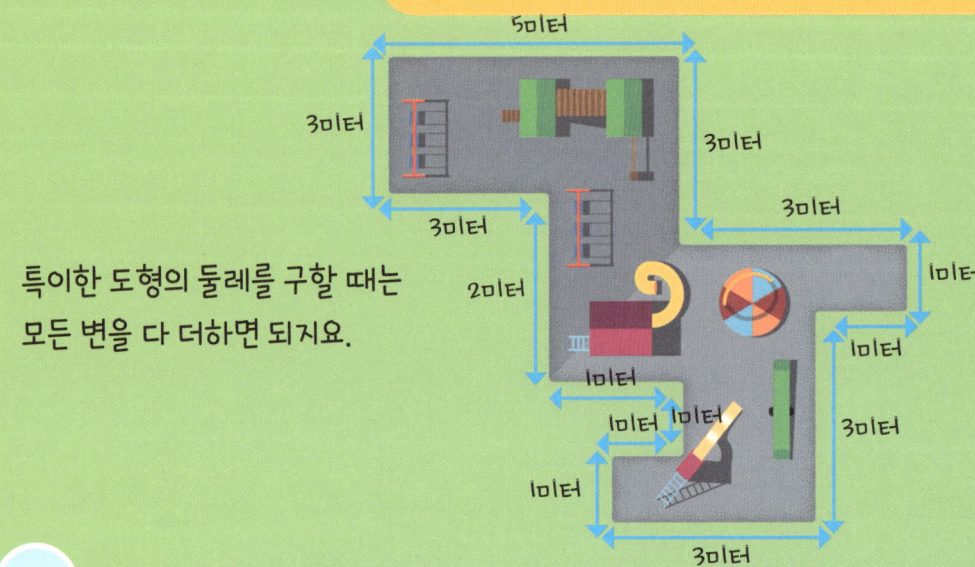

둘레는 5 + 3 + 3 + 1 + 1 + 3 + 3 + 1 + 1 + 1 + 1 + 2 + 3 + 3 = 31미터

도형 안의 공간을 면적이라고 해요. 정사각형이나 직사각형의 면적을 구하려면, 같은 단위(센티미터, 인치, 미터, 피트 등)로 잰 높이와 너비를 곱해야 해요. 면적은 '제곱'이라는 단위를 써서 제곱센티미터, 제곱인치 등으로 나타내지요. 제곱센티미터는 cm²로 적어요. 제곱센티미터는 변의 길이가 1센티미터인 정사각형 내부의 면적이랍니다.

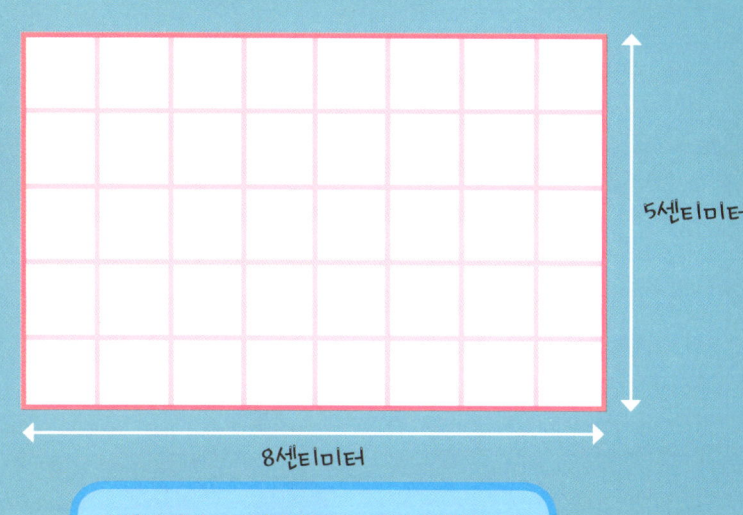

8센티미터 x 5센티미터 = 40제곱센티미터

A: 정사각형 들판, 둘레는 40, 면적은 100(10×10)

B: 직사각형 들판, 둘레는 58, 면적은 100(4×25)

C: 직사각형 들판, 둘레는 40, 면적은 36(18×2)

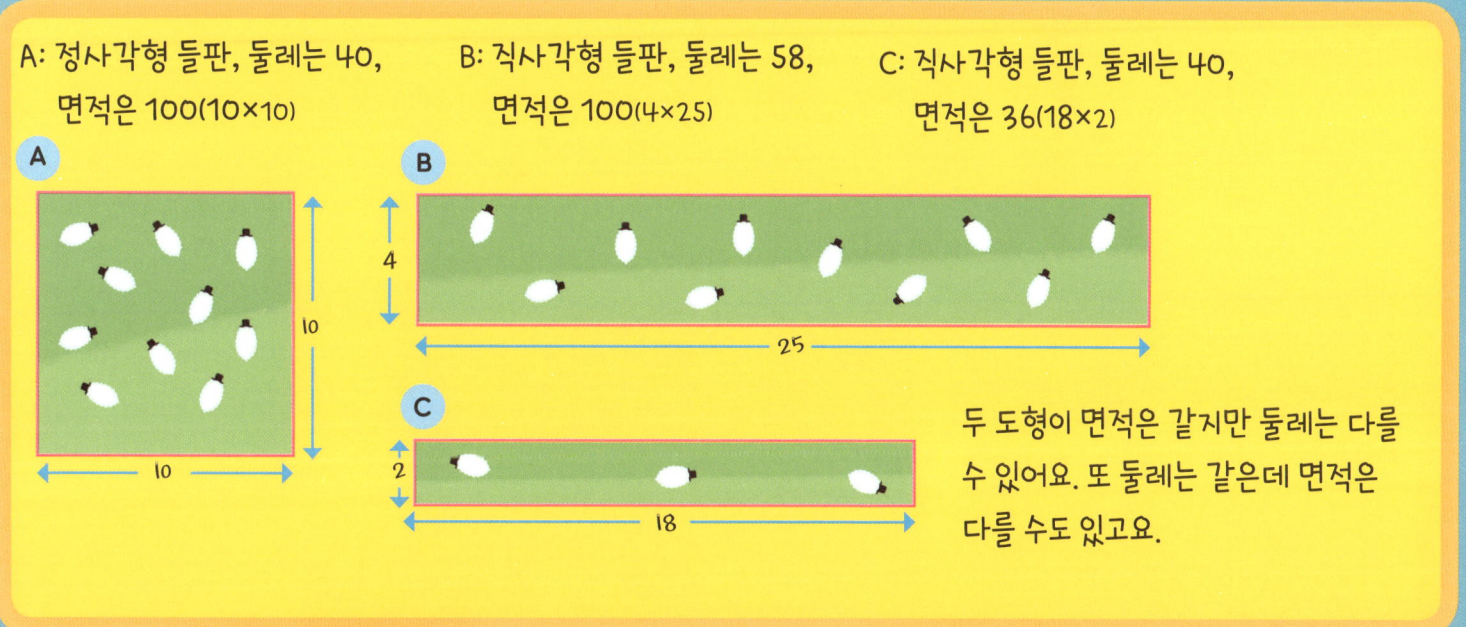

두 도형이 면적은 같지만 둘레는 다를 수 있어요. 또 둘레는 같은데 면적은 다를 수도 있고요.

더 복잡한 도형은 줄을 가장자리에 두른 다음 그 줄의 길이를 재서 둘레를 구할 수 있어요.

뚝딱뚝딱 집을 짓자

준비물
- 모눈종이
- 플라스틱 블록
- 색펜

집을 지을 때는 누구나 둘레는 작게 하면서 내부 공간은 최대한 활용하기를 원해요. (벽에 사용하는 건축 자재를 사는 데 돈이 드니까요!) 하지만 집은 확보한 면적에 맞춰야 하지요. 누군가는 재미있는 모양으로 짓고 싶어 할 수도 있어요. 모양이 다양한 건물을 만들어요!

이렇게 만들어요

1 모눈종이에 블록을 놓아 방을 배치해요. 색펜으로 그 테두리를 따라 그려요. 모눈을 세어 둘레를 구해요(어떤 블록은 모눈의 절반이나 4분의 1만 차지할 수 있어요). 면적도 구하고 같은 색펜으로 외곽선 옆에 면적과 둘레를 적어요.

2 1과 같은 개수의 블록을 배치해 다른 방을 만들어요. 다른 색펜으로 테두리를 따라 그린 다음 둘레와 면적을 구해요.

3 계속 다른 모양을 만들어요. 면적을 구하기가 어렵다면 모눈의 수를 세면 됩니다.

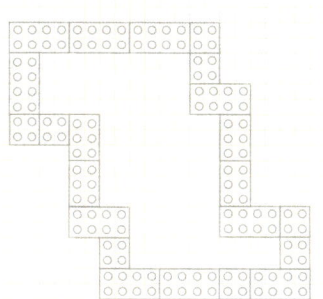

4 어떤 모양의 면적이 가장 큰가요?

둘레를 작게 할 때 가장 단순한 모양에서 더 큰 면적을 얻을 수 있어요. 그중에서도 최고는 원이랍니다!

 **함께 풀어 보아요**

다음 운동장은 아이들 나이에 따라 트랙의 경로를 다르게 했어요. 모눈 한 칸이 1미터를 나타낸다고 보고 경로마다 둘레를 구해 각 연령대 아이들이 달려야 하는 거리를 구해요. 그런 다음 트랙을 따라 또 다른 경로를 표시하고 그것의 거리도 구해요.

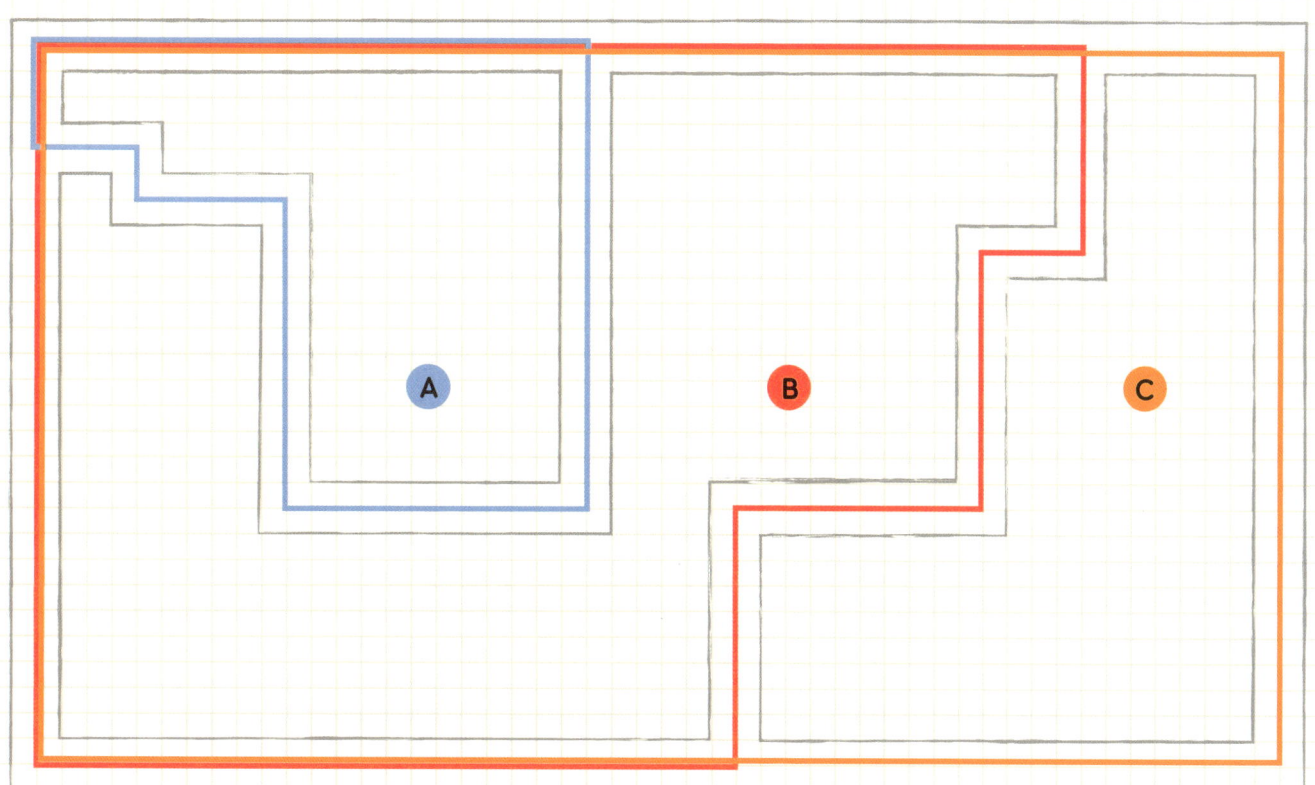

정답은 책 뒤쪽에.

똑같이 나눠 먹자

식사 시간처럼 여러 사람이 무언가를 나누어야 할 때가 있어요. 점심시간에 음식을 나누어 먹으려면 한 덩어리로 된 음식을 크기가 같게 여럿으로 나누어야 해요.

무언가를 나눌 때는 분수와 나눗셈을 이용해야 해요.
분수는 전체에서 일부를 말해요. 절반도 분수예요. 무언가를 똑같은 두 부분으로 나누면 그중 한 부분이 절반이 되는 거예요.

분수를 쓸 때는 나뉘는 수를 줄 위에 쓰고, 나누는 수를 줄 아래에 써요. 위에 있는 수는 분자, 아래에 있는 수는 분모라고 하지요.

$$\frac{분자}{분모}$$

피자는 1판인데 먹을 사람이 6명이라면 6조각으로 잘라서 각자 6분의 1씩 먹어야 해요. 분수로 간단히 나타내면 $1 \div 6 = 1/6$이에요.

$1 \div 6 = 1/6$

피자가 2판이고 사람이 6명이라면 어떻게 할까요? 분자는 2, 분모는 6이므로 $2/6$이겠죠. 이때 분수의 위와 아래를 모두 2로 나누어 $1/3$로 만들 수 있어요. 이것을 분수의 단순화라고 합니다. 즉 각 피자를 3등분하면 3분의 1 크기의 조각이 6개 나오므로 1명이 1조각씩 먹을 수 있어요.

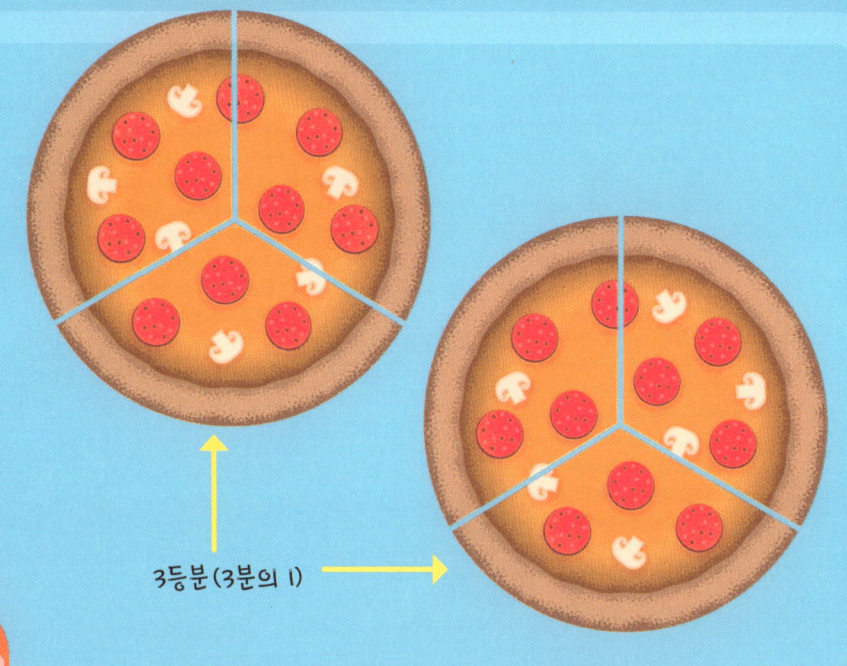

3등분(3분의 1)

사람 수보다 음식 수가 더 많을 때는 나눗셈으로 정확하게 나눌 수 있어요. 피자를 먹고 나서 여러분과 친구 5명은 딸기 18개를 쉽게 나누어 먹겠죠.

$18÷6=3$이니까 3개씩 먹으면 되지요.

각자 딸기 3개씩

나눗셈과 분수를 다 적용해서 계산할 수도 있어요. 사과 9개를 6명이 나누어 먹는다면

각자 $9/6 = 3/2$ 또는 $1\frac{1}{2}$개씩 먹게 된답니다.

분수를 그림으로 그려 볼까?

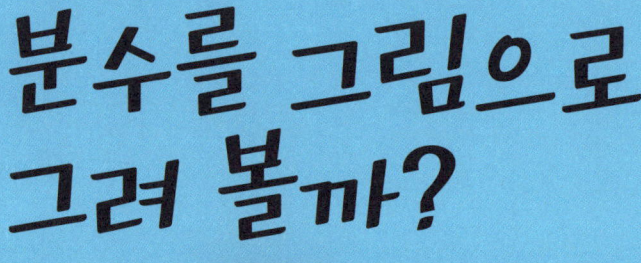

준비물
- 친구
- 연필과 종이 여러 장
- 작은 카드지 6장

친구와 재미있게 할 수 있는 분수 연습 게임을 만들어요.

이렇게 만들어요

1 카드지마다 분수 (1/2, 1/3, 1/4, 1/5, 2/3, 3/4)를 적어 분수 카드를 만들어요.

2 카드를 섞은 다음 앞면이 밑으로 가게 뒤집어서 쌓아요.

앞면이 밑으로

3 누가 먼저 그림을 그리고 누가 맞힐지 정해요. 여러분이 먼저 그림을 그린다면, 친구가 카드에 적힌 것을 보지 못하게 주의하며 맨 위에 있는 카드를 가져와요. 그 카드에 적힌 분수를 그리는 거예요.

4 어떤 그림으로 분수를 표현할지 생각한 다음 친구가 볼 수 있게 종이에 그려요. 상어의 2분의 1, 나무의 3분의 2 등을 그릴 수 있지요. 무엇을 그리는지 설명하지 않아요. 여러분이 그림을 그리는 동안 친구는 무슨 그림인지, 또 카드에 어떤 분수가 적혔는지 최대한 빨리 맞혀야 해요.

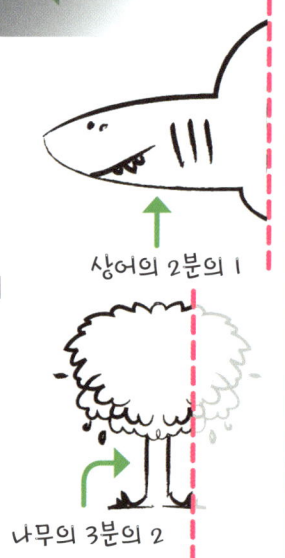

상어의 2분의 1

나무의 3분의 2

5 맞힌 친구는 나머지 그림을 완성해요. 예를 들어 여러분이 케이크의 4분의 1을 그리고 있다면 친구는 나머지 4분의 3을 그려야 해요. 친구가 그림을 맞게 완성했나요?

6 역할을 바꿔서 이번에는 친구가 카드를 가져와 그림을 그려요.

 ## 함께 풀어 보아요

다음 비즈의 4분의 1만으로 목걸이를 만들려고 해요.
각 병에 든 비즈 중 4분의 1을 서로 다른 색깔로 칠해요.

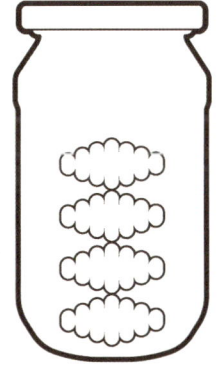 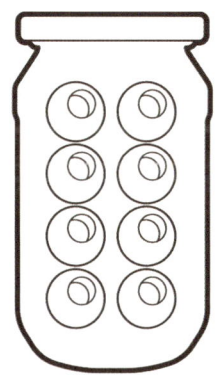 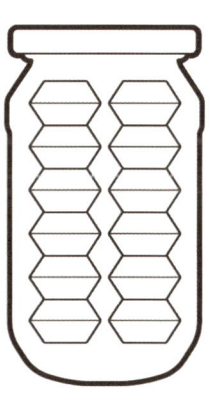  

오른쪽에 위의 비즈로 만든 목걸이를 그려요. 이번에는 남은 비즈 중 3분의 1을 다른 색으로 색칠해요. 색칠되지 않은 비즈를 어떤 분수로 나타낼 수 있나요?

내 정답률은 몇 퍼센트?

학교 시험 점수는 분수나 백분율로 나오곤 해요. 10점 만점에 10점을 받았다면 다 맞아서 100퍼센트(%)라는 뜻이에요!

백분율은 전체를 1백 부분으로 나눈 거예요. 각 부분은 $1/100$ 또는 1퍼센트(%)이지요. 분수를 백분율로 바꾸려면 분자에 100을 곱한 다음 분모로 나누면 된답니다.

즉 $½$을 백분율로 나타내면
$100÷2=50\%$, $¼$은 $100÷4=25\%$,
또 $¾$은 $300÷4=75\%$

시험 결과
90%

백분율은 부분을 나타내기가 분수보다 쉬워요. $37/50$ 같은 분수는 이해하기 어렵지만 그것을 $74/100$나 74%로 쓰면 약 4분의 3이라는 것을 단번에 알 수 있지요.

과학자는 연구 결과를 백분율로 발표하곤 해요. 백분율은 정확한 분수가 아닌 비율도 알기 쉽게 보여 준답니다.

어류 개체 수

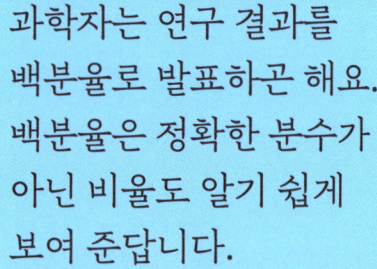

70%

30%

서로 다른 분수를 백분율로 바꾸면 덧셈을 하기도 쉬워요. $3/4 + 1/5$ 같은 덧셈은 어려워 보이지만 백분율로 바꾸면 계산하기 쉬워진답니다.

75% + 20% = 95%

'20퍼센트 할인' 같은 문구를 본 적이 있나요? 돈을 얼마나 아낄 수 있는지 알아보려면 정가에 할인율을 곱한 다음 100으로 나누면 되지요. 만약 4만 원짜리 운동화를 20퍼센트 할인한다면 총계는 다음과 같아요.

4만×20÷100=800000÷100=8천 원 할인
내야 하는 돈은 4만-8천=3만 2천 원

분수나 백분율로 얻은 정보를 도표로 보여 줄 수 있어요. 파이형 도표는 전체가 어떻게 파이 '조각'으로 나뉘는지 보여 주지요. 각 조각의 크기는 전체에서 차지하는 비율(분수 또는 백분율 같은)에 따라 달라져요. 이 파이형 도표는 한 반 아이들이 가장 좋아하는 주스를 보여 준답니다.

한 반 아이들이 가장 좋아하는 주스

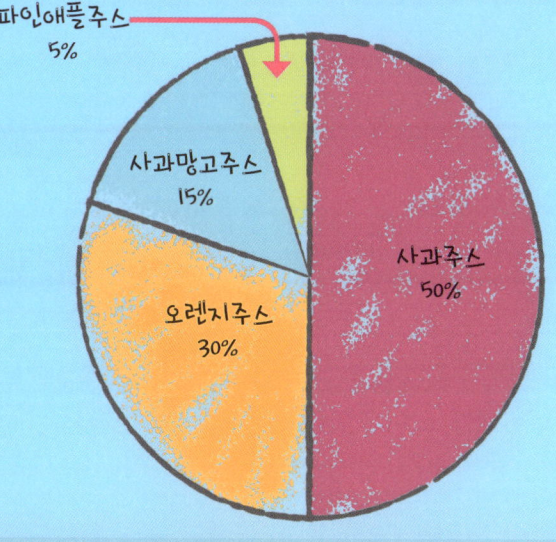

준비물

- 양말 8켤레
- 연필과 종이
- 색펜
- 대고 그릴 접시
- 자

양말로 배우는 분수

양말 서랍을 조사해 분수 계산을 하고 그것을 백분율로 바꾸는 연습을 해요!

이렇게 만들어요

1 여러분 양말은 각각 무슨 색인가요? 양말의 대표 색깔을 정하고, 각 색깔의 양말 수를 보여 주는 도표를 그려요.

양말 색깔	분수	양말 수	백분율
파란색		5	
빨간색		6	
검은색		3	
노란색		2	

대표 색깔: 빨간색

대표 색깔: 파란색

2 종이 위에 접시를 대고 원을 그려요. 원의 중심을 가로지르는 직선을 그려 원을 절반으로, 또 4분의 1로 나눠요. 또 4분의 1 조각을 반으로 나누는 선 두 개를 그어 8분의 1 조각들로 만들어요. 그런 다음 8분의 1 조각들을 반으로 나누어 16분의 1 조각들로 만들어요.

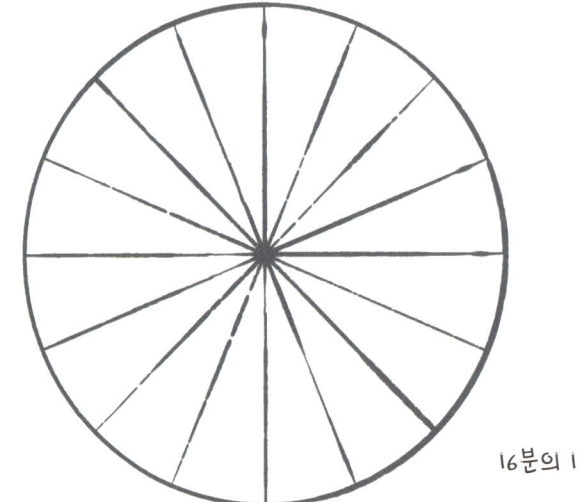

16분의 1

파란색 양말 4개 = 4조각

3 양말의 색마다 조각 수만큼 색칠해요(서로 이어서). 예를 들어 파란색 양말이 4개 있다면 원의 4조각을 파랗게 색칠해요.

4 각 색의 분수를 구해 도표에 적어요. 백분율은 각 조각 수에 6.25를 곱해 구할 수 있어요.

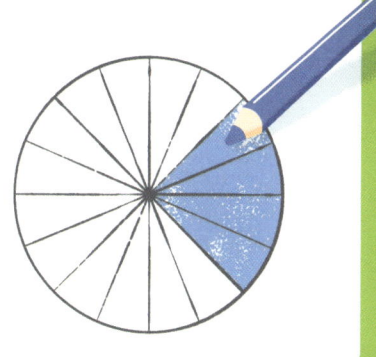

함께 풀어 보아요

사람들이 반려동물을 데리고 동물 병원에 왔어요. 그림을 잘 보고 동물이 모두 몇 마리인지 세어요. 동물 종류마다 몇 마리나 되나요? 각 종류의 백분율을 구해요.

총 동물 수는 ....

개 .... %	새 .... %
고양이 .... %	기니피그 ...... %
뱀 .... %	거북 .... %

정답은 책 뒤쪽에.

빨간 망토를 입을 수 있을까?

연극 수업 시간에 슈퍼히어로처럼 차려입어요. 여러분이 가장 좋아하는 색의 망토를 입을 가능성은 얼마나 될까요? 확률을 이용해 알아보아요.

짜잔!

확률은 어떤 일이 일어날 가능성을 측정하는 거예요. 확실한 일이라면 확률은 1이에요. 이번 주에 토요일이 있을 확률은 1이죠. 어떤 일이 결코 일어날 수 없다면 확률은 0이에요. 이번 주에 화요일이 두 번 있을 확률은 0인 것처럼요.

어떤 일의 확률을 구하려면 다음을 계산해야 해요.

$$\frac{\text{그 사건이 일어나는 경우의 수}}{\text{가능한 모든 경우의 수}}$$

동전 던지기를 할 때 앞면이 나올 확률은 $1/2$ 인데, 이는 앞면이 나올 경우의 수가 1이고 가능한 모든 경우의 수가 2이기 때문이에요. 만약 슈퍼히어로 망토가 30개 있고 그중 5개가 빨간색이라면 가장 먼저 가서 망토를 집었을 때 빨간색을 얻을 확률은 $5/30$, 즉 $1/6$이 되지요.

주사위를 던질 때 5가 나올 확률은 $1/6$이에요. 주사위를 다시 던져도 확률은 역시 $1/6$로, 두 번째 결과는 첫 번째 결과에 영향을 받지 않아요. 하지만 A와 B가 함께 일어날 확률을 구한다면 각각의 확률을 곱해야 해요. 그러니까 처음에 5가 나오고 두 번째에도 5가 나올 확률은 $1/6 \times 1/6 = 1/36$이 되는 거지요.

만약 여러분이 슈퍼히어로 망토를 두 번째로 집는다면 망토 하나가 이미 주인을 찾아갔으므로 빨간색을 얻을 확률은 $5/30$가 아니에요. 첫 번째 사람이 빨간색을 가져갔다면 이제 망토 29개 중 빨간색은 4개뿐이므로 확률은 $4/29$가 되지요. 첫 번째 사람이 파란색을 가져갔다면, 아직 빨간색이 5개 남아 있으므로 확률은 $5/29$가 된답니다.

준비물

- 함께할 친구(혼자서도 할 수 있음)
- 작은 물건들(장난감 돈, 구슬, 사탕 등) 2묶음(각 묶음의 개수는 같고 색은 달라야 함). 총 40개가 되면 좋지만 적어도 됨
- 위 물건을 담을 그릇 2개
- 연필과 종이

친구와 확률을 따져 보자

집에 있는 몇 가지 물건으로 친구와 함께 확률을 알아보아요!

이렇게 만들어요

1 그릇 두 개에 물건을 같은 수로 나눠 담아요. 이때 각 색깔의 수가 같아야 해요.

2 눈을 감은 채 한쪽 그릇에서 물건 한 개를 꺼내고, 친구는 다른 쪽 그릇에서 한 개를 꺼내요. 그 전에 아래와 같은 표를 그려요.

나	친구	체크 표시
빨강	빨강	
빨강	파랑	
파랑	빨강	
파랑	파랑	

3 이제 생각해 봐요. 여러분이 빨간색 물건을 집을 확률은 얼마나 될까요? 친구가 빨간색을 집을 확률은요? 두 사람 다 빨간색을 집을 확률을 구할 수 있나요? 적어도 한 명이 빨간색을 집을 확률은 얼마나 될까요? 한 명만 빨간색을 집을 확률은요?

4 물건을 다시 그릇에 넣어요. 그리고 둘 다 눈을 감고 각자 물건 한 개씩을 집은 다음 그 색들의 조합을 표에서 찾아 표시해요.

5 이번에는 여러분이 친구보다 먼저 물건을 집어요. 이 시점에서, 친구가 같은 색을 집을 확률은 얼마나 될까요? 한 개가 이미 선택되었으니 확률은 그 전과 달라져요. 이번에도 나온 색들의 조합을 표에서 찾아 표시해요.

6 계속 물건을 집었다가 돌려놓고 표에 표시하기를 각자 20번씩 반복해요. 각 색의 조합에 표시한 것의 개수를 세어요. 그 점수는 다음 내용에 대한 예측과 어느 정도 비슷한가요?

- 둘 다 빨간색을 집는다.
- 적어도 한 명은 빨간색을 집는다.
- 한 명만 빨간색을 집는다.

함께 풀어 보아요

네 가지 색으로 아래 곤충 관찰경을 든 아이가 초록색 벌레를 고를 확률이 $1/7$이 되도록 딱정벌레를 색칠해요. 여러분이 사용한 또 다른 색을 고를 확률은 얼마나 될까요? 초록색을 고를 확률이 $1/8$이 되도록 더 많은 딱정벌레를 그리고 색칠해요.

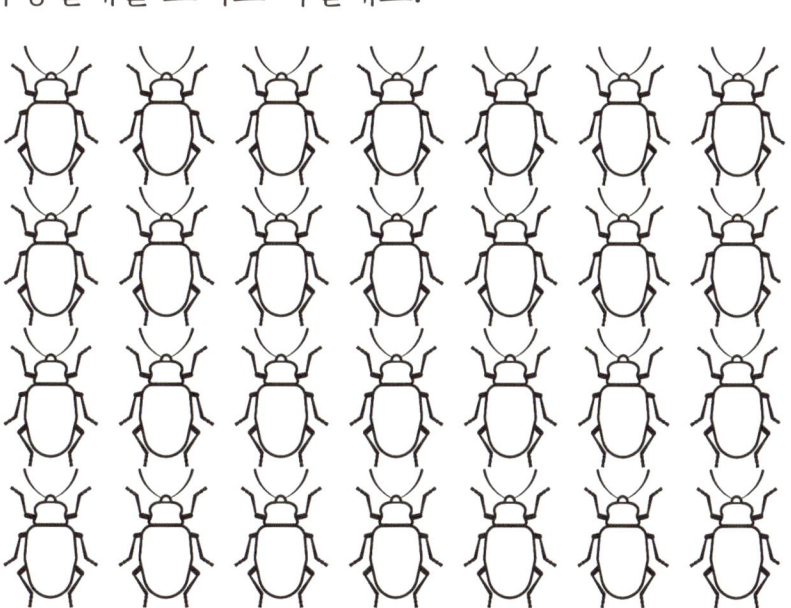

정답은 책 뒤쪽에.

쇼핑할 때 알아야 할 것

하굣길에 간식이나 만화책을 산다면 그 값은 돈으로 내야 해요.
돈이 어떻게 돌고 도는지 들여다보아요.

나라마다 화폐(돈의 종류)가 다르지만 대부분 십진법을 사용해요. 이는 화폐를 100단위로 나누는 거예요. 1파운드는 100펜스, 1달러나 1유로는 100센트와 같죠. 가격을 3.15파운드 (3파운드 15펜스)처럼 표기하는 것이 바로 십진법이에요. 이것은 3과 100분의 15라는 의미랍니다.

1파운드, 1달러, 1유로보다 적은 금액은 십진법(0.10파운드, 0.35달러 등) 또는 펜스나 센트(10펜스, 35센트 등)로 표기해요.

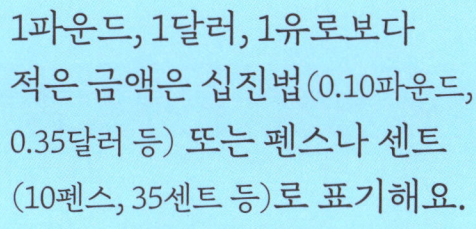

값을 치를 만큼 금액을 모으려면 동전을 잘 골라야 해요. 단순한 계산이긴 하지만 정해진 금액의 동전들만 이용할 수 있어요. 영국 화폐의 동전들로는 2파운드, 1파운드, 50펜스, 10펜스, 5펜스, 2펜스, 1펜스가 있어요. 미국 화폐의 동전들로는 1달러, 50센트, 25센트, 10센트, 5센트, 1센트가 있고요. 유로는 2유로, 1유로, 50센트, 20센트, 10센트, 5센트, 2센트, 1센트가 있지요. 그보다 액수가 큰 지폐들은 5, 10, 20, 50단위로 있답니다.

값에 딱 맞는 돈이 없다면 더 많은 돈을 내고 거스름돈을 받아야 해요. 거스름돈을 얼마나 받아야 하는지 알려면 여러분이 낸 금액에서 물건값을 빼면 되겠지요.

5.00 − 2.45 = 2.55
지폐−물건값=거스름돈

수가 100단위로 커질 때마다 다음과 같이 파운드, 달러, 유로의 수를 늘려요.

75펜스 + 40펜스 = 115펜스 = 1.15파운드

준비물

- 도와줄 어른
- 카드지
- 대고 그릴 머그컵
- 가위, 자
- 칵테일 스틱(꼬치)
- 색펜이나 연필
- 점수를 적을 종이

돈을 많이 모아 보자

동전 스피너로 친구와 게임을 할 수 있어요.
누가 돈을 더 빨리 모을까요?

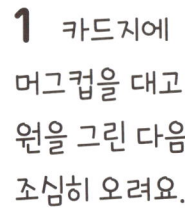

날카로운 가위!
조심!

이렇게 만들어요

1 카드지에 머그컵을 대고 원을 그린 다음 조심히 오려요.

2 자와 펜으로 원을 4등분하는 선들을 그려요.

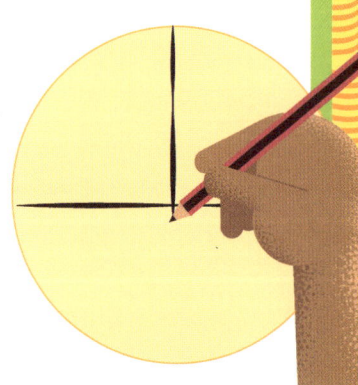

3 각 칸에 모양이 다양한 동전을 그려요.

4 어른의 도움을 받아 칵테일 스틱을 스피너 중심에 꽂아요. 정확히 가운데에 꽂아야 스피너가 잘 돌아가요.

5 우승 금액을 정해요(3,000원, 5,000원 등).

6 스피너를 돌려요. 스피너가 멈췄을 때 바닥에 닿는 칸에 그려진 동전들을 더해 점수표에 적어요.

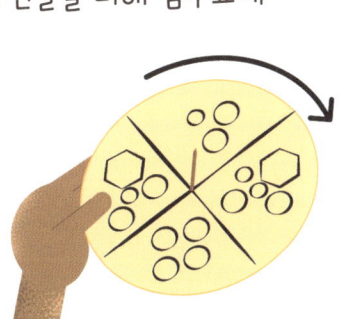

7 차례마다 얼마를 얻었는지 잘 적으며 번갈아 스피너를 돌려요. 우승 금액을 먼저 모은 사람이 우승자가 되는 거예요.

함께 풀어 보아요

5,000원으로 친구들에게 줄 답례품 주머니에 넣을 선물을 사려고 해요. 아래에 있는 선물을 다 살 수 있을까요? 정확히 5,000원이 되려면 무엇을 사야 하나요?

여러분이 고른 물건 옆에는 그 금액을 맞추기 위해 사용할 수 있는 동전을 적어요.

	연필	150원	....
	장난감 괴물	2,250원	....
	공	650원	....
	비눗방울	550원	....
	열쇠고리	1,050원	....
	동물 장난감	2,950원	....
	사탕	100원	....
	파티용 나팔	250원	....
	풍선	50원	....
	총계	=	....

정답은 책 뒤쪽에.

작은 크기로 모형 만들기

집이나 학교에서 그림을 그리거나 모형을 만들 때 실제와 똑같은 크기로 하지는 않을 거예요. 생김새는 똑같지만 더 작게 만들겠죠.

이때 그림에서 거리와 실제 거리의 비율인 축척을 이용해요. 그림이나 모형의 각 치수는 실제 치수의 비율을 늘리거나 줄여서 나타내요. 실제 길이와 너비의 절반으로 그림을 그린다면 1:2(1 대 2) 축척을 사용한 거예요. 즉 그림에서 1센티미터가 실제로는 2센티미터인 거지요.

절반 크기는 1:2!

축척은 각종 지도와 설계도에서 이용해요. 그림의 치수를 재서 그에 해당하는 실제 치수를 알아내지요. 모든 치수에는 같은 축척이 적용된답니다.

그림이나 모형을 실제보다 크게 만들 때도 축척을 쓸 수 있어요. 딱정벌레를 그릴 때 4:1 축척을 적용하면 실제보다 4배 더 크게 그릴 수 있지요.

축척은 비율로 나타내요. 비율은 수량을 비교하는 한 가지 방법이에요. 어떤 쿠키 레시피에서 버터와 설탕이 같은 양, 밀가루가 그보다 1.5배 많은 양 필요하다면 설탕:버터:밀가루를 1:1:1.5, 또는 정수만 사용해 2:2:3이라는 3중 비율로 표기할 수 있어요. 비율은 그램이나 컵, 심지어 재료를 가득 채운 손수레를 이용할 때도 적용할 수 있답니다.

그림자로 나무 높이 구하기

준비물
- 도와줄 친구
- 줄자
- 계산기
- 주변이 깨끗한 곳에 있는 나무
- 맑은 날

흠!

비율을 이용하면 치수를 재기 어려운 대상의 크기를 알아낼 수 있어요. 나무의 높이를 구하는 데 이보다 더 좋은 방법이 또 있을까요?

이렇게 만들어요

1 맑은 날 밖으로 나가 가만히 서서 그림자가 아무것도 없는 땅에 드리워지게 해요. 친구에게 부탁해 그 그림자의 길이를 재요.

2 여러분 키가 몇 센티미터인지 모른다면 친구에게 키도 재 달라고 해요.

3 계산기로 여러분 키를 그림자 길이로 나누어요. 예를 들어 키가 140센티미터이고 그림자가 70센티미터라면 결과는 2가 되지요. 그럼 키와 그림자의 비율은 2:1이에요.

4 나무의 그림자 길이를 재요. 나무의 높이와 나무 그림자 길이의 비율은 여러분의 키와 그림자의 비율과 같아요. 즉 나무 그림자가 5미터라면 여러분이 구한 키와 그림자의 비율이 2:1이었으므로 나무 높이는 5×2=10미터예요.

함께 풀어 보아요

아래 격자판에 왼쪽에 있는 그림을 세 배 더 크게 그려요. 각 칸의 그림을 더 커진 칸에 그대로 옮겨 그리면 되지요. 큰 네모 칸은 작은 네모 칸보다 각 면의 길이가 세 배 더 깁니다.

다른 색깔로 그려!

욕조에 몸을 담그면

욕조에 들어가면 물 높이가 올라가지요? 그건 부피가 있는 몸이 공간을 차지하기 때문이에요.

부피는 어떤 것이 차지하는 공간 또는 어떤 용기에 담을 수 있는 양을 잰 거예요. 부피는 세제곱센티미터, 세제곱인치 등의 세제곱 단위나 리터, 파인트, 갤런 등의 단위로 측정해요. 1리터는 1천 세제곱센티미터와 같지요. 정육면체나 직육면체의 부피를 구하는 식은 높이×너비×길이예요.

정육면체의 경우 이 세 길이가 전부 같으므로 그 식은 면×면×면이 되고요.
1세제곱센티미터(cm^3)는 각 면이 1센티미터인 정육면체가 차지하는 부피인 거예요. 1세제곱인치는 각 면이 1인치인 정육면체가 차지하는 부피이고요.

1cm x 1cm x 1cm = $1cm^3$

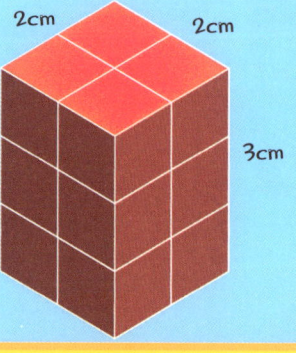

2cm x 3cm x 2cm = $12cm^3$

다른 도형, 특히 아주 불규칙한 도형의 부피를 구하기는 더 어려워요. 하지만 여러분이 욕조에 들어가면 물을 밀어내듯이 어떤 물체가 밀어내는 물의 양을 재면 그것의 부피를 알아낼 수 있어요.

원뿔

모양이 특이한 상자

별 모양 병

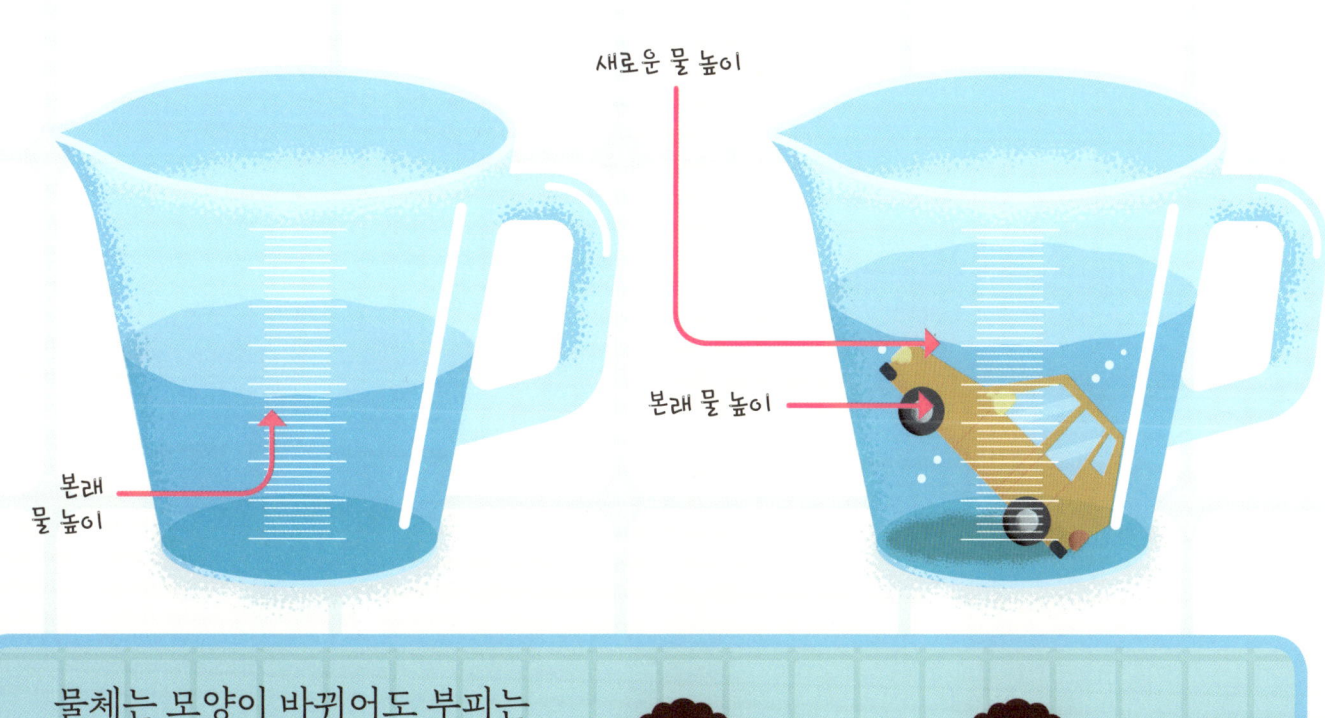

새로운 물 높이

본래 물 높이

본래 물 높이

물체는 모양이 바뀌어도 부피는 그대로예요. 쌓여 있는 각설탕을 다시 배열해도 부피는 같아요. 우유 1리터는 바닥에 쏟아져도 여전히 1리터지요. 더 넓고 얕게 퍼졌을 뿐이에요.

내 손의 부피는 얼마일까?

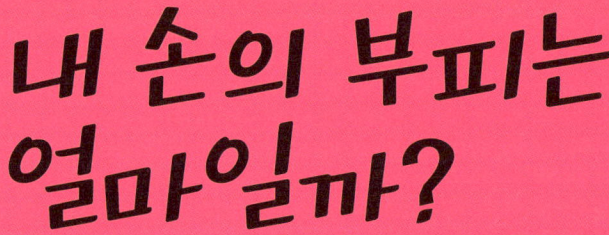

준비물
- 계량컵
- 물
- 계량컵에 들어가고 젖어도 되는 작은 물체(사과, 플라스틱 장난감, 연필, 양말 등)
- 꼬치
- 연필, 자, 종이

모양이 불규칙한 물체를 물에 담가서 부피를 잴 수 있어요.

이렇게 만들어요

1 아래와 같은 표를 그리고 여러분이 측정할 물체의 이름을 적어요.

물체	손		
처음 부피	300ml		
마지막 부피	400ml		
물체의 부피	100ml		

2 계량컵에 물을 절반 정도 담아요. 이때 부피를 정확히 읽을 수 있게 물 높이를 눈금에 맞춰요. 표의 둘째 줄에 처음 부피를 적어요.

3 계량컵에 손을 담가요. 물 높이는 어떻게 변했나요? 그 부피를 표의 셋째 줄에 적어요.

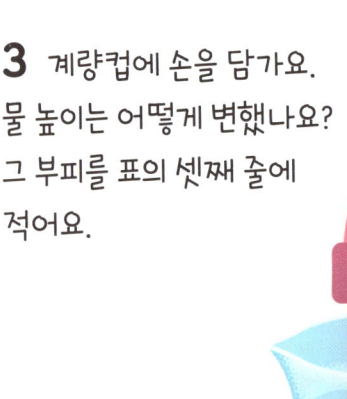

4 셋째 줄의 수치(물체를 담갔을 때 부피)에서 둘째 줄의 수치(처음 부피)를 빼서 넷째 줄에 적어요.

5 손을 빼고 필요하면 물을 본래 높이까지 채운 다음 처음으로 실험해 볼 물체를 넣어요. 물체가 물에 뜬다면 꼬치로 물속에 넣어 잠기게 한 뒤 물 높이를 적어요. 표의 각 줄을 채워요.

6 준비한 모든 물체로 실험을 반복해요. 물이 넘친다면 그 물체는 계량컵에 물을 더 적게 넣고 다시 실험해요.

지저분해질 수 있음! **조심!**

함께 풀어 보아요

125세제곱센티미터의 반짝이를 담기에 가장 알맞은 상자는 무엇일까요? 정답을 골라 포장지와 리본을 그려 꾸며요.

A
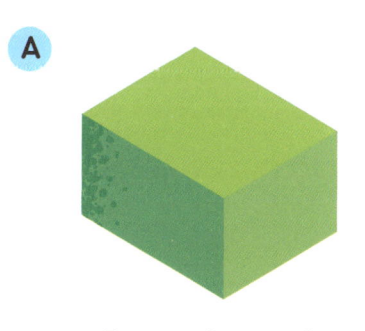
5cm x 4cm x 3cm

B
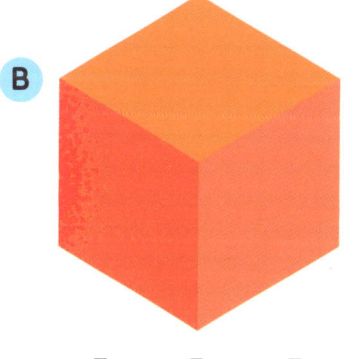
5cm x 5cm x 5cm

C

4cm x 2cm x 4cm

D

4cm x 3cm x 2cm

정답은 책 뒤쪽에.

타일에 숨겨진 비밀은?

잠잘 준비를 할 때 화장실 벽과 바닥을 보세요. 빈틈없이 맞춰진 타일이 하나의 패턴을 이루었을 거예요.

수학에서는 빈틈없이 반복되는 패턴을 쪽 맞춤(테셀레이션)이라고 해요. 정사각형과 직사각형은 쉽게 맞출 수 있어 타일은 대부분 그런 모양이에요. 벽돌 벽은 직사각형을 쪽 맞춤 해서 만든 거예요.

삼각형과 육각형도 빈틈없이 맞출 수 있어요. 벌은 벌집을 육각형으로 만들지요. 이렇게 하면 버려지는 공간이 없는 강한 구조가 된답니다.

뱀의 비늘이나 악어의 이빨 등 자연에는 쪽 맞춤의 예가 수없이 많아요.

52

한 가지 이상의 도형을 짜 맞춘 쪽 맞춤도 있어요. 불규칙한 도형, 심지어 곡선을 이용하기도 하지요. 완벽하게 맞추려고 도형을 변형(밀기, 돌리기, 뒤집기 등)하기도 해요. 나란히 맞추거나 중심점을 기준으로 회전하기도 한답니다.

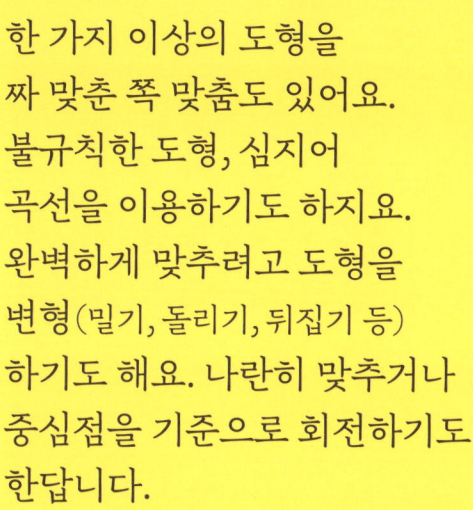

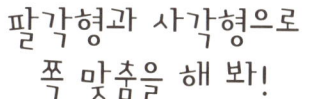

팔각형과 사각형으로 쪽 맞춤을 해 봐!

재미있는 쪽 맞춤을 디자인하려면 삼각형이나 사각형처럼 서로 맞춰지는 규칙적인 도형으로 시작한 다음 작은 변화를 주거나, 도형 내부를 여러분만의 디자인으로 꾸며요. 또는 평행한 지그재그 선을 그린 뒤 그 사이 공간을 똑같은 모양으로 나누어도 좋아요.

토스트로 쪽 맞춤 하기

준비물
- 도와줄 어른
- 연필과 종이
- 토스트용 빵
- 토스터
- 두 가지 색 토핑(잼, 땅콩버터, 초콜릿 스프레드 등)
- 칼이나 쿠키 모양틀

뜨거운 토스트! 조심!

이번에는 재미있는 쪽 맞춤 패턴을 만들어 먹어요!

퐁!

이렇게 만들어요

1 쪽 맞춤 패턴을 종이에 디자인해요. 토스트를 자를 때 어려울 수 있으니 모양을 너무 복잡하지 않게 해요.

2 빵을 몇 장 구운 다음 절반씩 다른 토핑을 발라요.

3 어른의 도움을 받아 칼이나 쿠키 모양틀로 토스트를 원하는 모양으로 잘라요.

4 토스트로 쪽 맞춤을 해요. 먹기 전에 먼저 사진을 찍어요!

쿠키 모양틀

맛있다!

토스트를 좋아하지 않는다면 쪽 맞춤 피자를 만들 수 있어요. 토마토 치즈피자를 기본으로 해서 토핑을 이용해 쪽 맞춤 패턴을 만들어요.

함께 풀어 보아요
타일을 예쁘게 꾸며 나만의 쪽 맞춤 패턴을 만들어요.

밤하늘의 별을 세어 봐요

잠자리에 들기 전에 밤하늘을 올려다보아요. 날이 흐리지 않다면(그리고 어둡다면) 별이 보일 거예요. 우주에는 별이 수천억 개 있답니다.

보이는 별의 수는 사는 곳에 따라 달라요. 도시에서는 20~30개밖에 보이지 않아요. 사막 한가운데에서는 주위에 빛이 없으면 수천 개를 볼 수 있어요.

큰 수는 정말 어마어마해요. 수는 끊임없이 계속되지요. 수는 계속 더하거나 곱할 수 있으므로 끝까지 셀 수 없어요.

600, 000, 000, 000, 000, 000, 000, 000, 000, 000, 000, 000, 000, 000

시간이 충분하고 인내심이 있다면 하늘의 모든 별과 땅의 모든 모래알을 셀 수 있겠지요. 그건 엄청나게 큰 수일 거예요. 우리 은하계, 즉 은하수에는 별이 4천억 개 있다고 하니까요. 하지만 그보다 더 큰 수도 있답니다.

과학자는 작은 지역의 별을 센 뒤 곱해서 별의 수를 구해요. 하늘의 1천분의 1을 관찰한다면, 거기에 1천을 곱해 전체 별의 수를 어림하는 거지요.

줄줄이 길게 적힌 엄청나게 큰 숫자는 다루기 힘들어요. 과학적 표기법은 10을 몇 번 곱해야 하는지 알려 주는 거예요. 1,000,000은 10^6으로, 2,000,000은 2×10^6으로 표기하지요.

$$1,000,000 = 10^6$$
$$2,000,000 = 2 \times 10^6$$

우리는 거의 사용하지 않는 수에 이름을 붙이기도 해요. 구골은 1에 0이 1백 개 붙은 수예요(10^{100}). 구골플렉스는 1에 0이 구골 개만큼 붙은 수로 10^{googol}로 표기한답니다.

10^{100} = 10 000 000 000 000 000
000 000 000 000 000 000 000
000 000 000 000 000 000 000
000 000 000 000 000 000 000
000 000 000 000 000 000 000

많고, 많고, 많은

준비물
- 저울
- 쌀
- 냉동 완두콩
- 작은 단지나 컵 2개
- 계산기
- 연필과 종이

이제 여러분이 얼마나 큰 수까지 셀 수 있는지 알아볼 거예요. 그리 오래 셀 필요도 없답니다.

이렇게 만들어요

1 단지 한 개에는 완두콩을, 다른 한 개에는 쌀을 가득 담아요. 각 단지에 든 낱알(완두콩이나 쌀)이 몇 개나 될 것 같은가요? 여러분이 예상하는 수를 적어요.

2 각 단지의 내용물을 쏟아 무게를 재서 적어요.

3 정확히 잴 수 있는 최소량의 무게를 달아요. 이것은 저울에 따라 달라요. 전자저울은 1그램부터 잴 수 있지만 그렇지 않다면 5그램이나 10그램부터 가능할 거예요.

4 최소량으로 잰 완두콩의 개수를 세서 적어요. 쌀도 똑같이 해요. 쌀알의 수가 너무 많다면 대강 4등분해서 그중 한 더미를 센 다음 4를 곱해서 수를 구해요.

5 단지마다 낟알이 몇 개 들었을지 계산기로 계산해 어림해요. 단지 내용물의 무게를 여러분이 센 낟알의 무게로 나눈 다음 센 낟알의 수로 나눠요. 예를 들면 다음과 같아요.

6 완두콩과 쌀이 1킬로그램씩 있다면 그 안에 든 낟알은 몇 개일까요? (5그램으로 쟀다면 여러분이 센 낟알 수에 200을 곱하고, 1그램으로 쟀다면 1,000을 곱하면 되지요.)

전체 내용물 100g ÷ 센 낟알의 무게 5g = 20
20 × 50낟알 = 1,000

함께 풀어 보아요

각 그림을 과학적 표기법으로 표기한 수 중 가장 근접할 것 같은 수와 짝지어 선으로 연결해요.

길거리에 사는 고양이들

5.4×10^7

테니스 코트의 풀잎들

1×10^3

주차장 건물의 주차 공간들

10^{16}

1킬로미터 길이의 바닷가에 있는 모래알들

4.3×10^1

정답은 책 뒤쪽에.

수학은 어디에나 있어요!

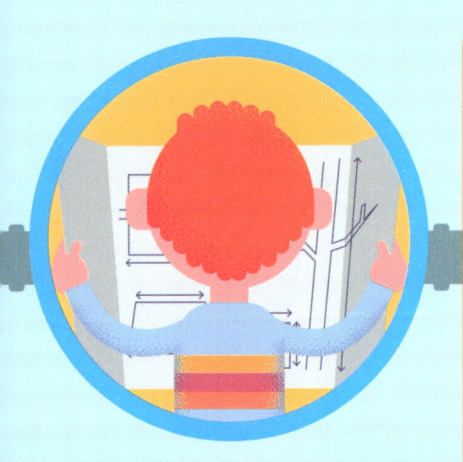

아침부터 밤까지 숫자와 수치가 보이지 않는 곳이 없어요. 요리할 때, 시간에 맞춰 이동할 때, 무언가를 건설하고 음악을 연주할 때도 수학이 필요해요. 우리는 주변 세상을 수량으로 표현할 때 수학을 이용하지요.

수학이 없는 세상을 상상해 보아요. 가게에서 음식값이 얼마인지 어떻게 알 수 있을까요? 축구 시합에서 점수는요? 달력이 없다면 여러분 생일이 언제인지 어떻게 알죠?

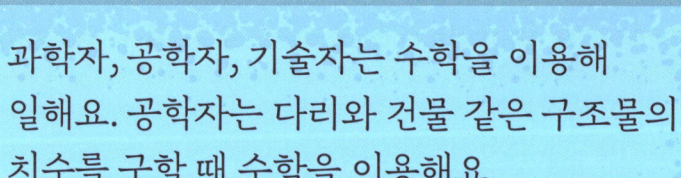

과학자, 공학자, 기술자는 수학을 이용해 일해요. 공학자는 다리와 건물 같은 구조물의 치수를 구할 때 수학을 이용해요. 기술 전문가는 스마트폰과 컴퓨터를 비롯한 여러 기기와 장치를 만들고 프로그래밍할 때 수학을 이용하고요.

여러분이 하루 동안 수학과 마주친 모든 순간을 떠올려 여기에 적어요. 혹시 풀어 보고 싶은 수학적 도전 과제가 있나요? 불가능한 것은 없답니다!

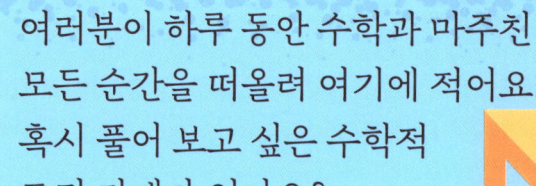

퀴즈 시간!

다음의 간단한 퀴즈를 풀며 수학 실력을 시험하고
얼마나 많이 배웠는지 알아보아요!

1. 자동차가 시간당 40킬로미터를 간다면 15분 안에 몇 킬로미터를 갈 수 있을까?
   a) 15킬로미터 ☐
   b) 10킬로미터 ☐
   c) 55킬로미터 ☐

2. 아래 모양 중 대칭인 것은?
   a)   b)   c)

3. 2,500원짜리 만화책과 3,500원짜리 열쇠고리를 사고 1만 원짜리 지폐를 내면 거스름돈은 얼마인가?
   a) 7,000원 ☐
   b) 6,500원 ☐
   c) 4,000원 ☐

4. 길이 40미터, 너비 20미터인 운동장이 있다. 운동장의 둘레는 얼마인가?
   a) 420미터 ☐
   b) 800미터 ☐
   c) 120미터 ☐

5. 피자 3판을 12명이 나누어 먹을 때 각 사람이 먹는 피자를 분수로 나타내면?
   a) $1/2$ ☐
   b) $1/4$ ☐
   c) $1/3$ ☐

6. 전체 인원이 25명인 학급에서 20명이 동물원으로 소풍을 간다. 그 인원을 백분율로 나타내면?
   a) 80% ☐
   b) 100% ☐
   c) 45% ☐

7. −3+4는?
   a) −7 ☐
   b) 34 ☐
   c) 1 ☐

8. 실제 크기보다 10배 더 작은 집 모형을 만들 때 사용하는 축척은?
   a) 2:10 ☐
   b) 1:10 ☐
   c) 1:1 ☐

정답: 1.b, 2.a, 3.c, 4.c, 5.b, 6.a, 7.c, 8.b

정답

11쪽

15쪽

1. 돌리기를 함
2. 돌리기를 함
3. 뒤집기를 함
4. 뒤집기를 함

19쪽

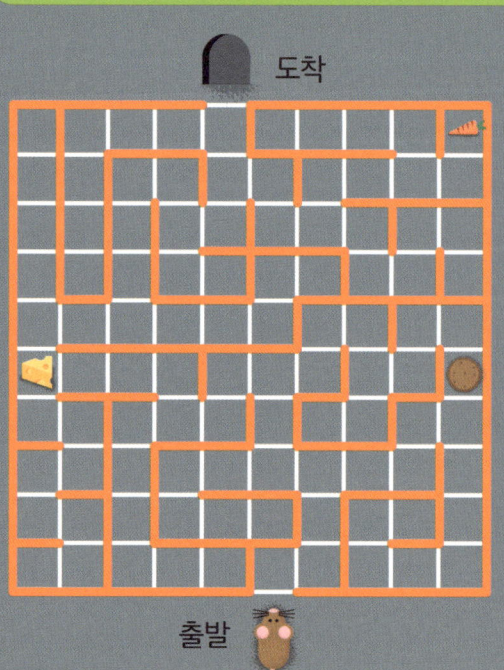

제시된 명령문은 쥐를 치즈가 있는 곳으로 보내요.

치즈가 있는 곳에서 쥐구멍까지 가려면 다음 순서를 따라야 해요.
위로 1, 오른쪽으로 2, 위로 3, 오른쪽으로 1, 아래로 1, 오른쪽으로 1, 위로 3.

22쪽

1. +10m
2. -11.5m
3. -10m
4. +15m
5. +20m
6. +45m

27쪽

A. 80m
B. 140m
C. 156m

31쪽

 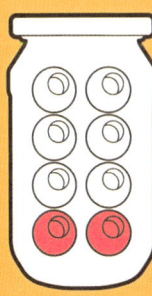 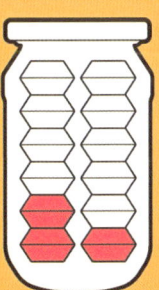  

35쪽

개	20%	기니피그	25%
고양이	20%	거북	5%
뱀	10%		
새	20%		

39쪽

가능한 해답은 하나뿐이에요. 초록색 딱정벌레가 4마리 있기만 하면, 나머지는 어떤 색깔 조합이 되어도 괜찮아요. 딱정벌레는 총 28마리이므로 그중 4마리를 초록색으로 칠하면 초록색을 고를 확률이 $1/7$이 되지요. 딱정벌레 4마리를 더 그리고 그중 어느 것도 초록색으로 칠하지 않으면 초록색을 고를 확률이 $1/8$이 된답니다.

43쪽

한 가지 정답은 공, 열쇠고리, 동물 장난감, 사탕, 파티용 나팔을 고르는 거예요. 5,000원을 만들 수 있는 조합은 그 밖에 더 찾을 수 있어요.

51쪽

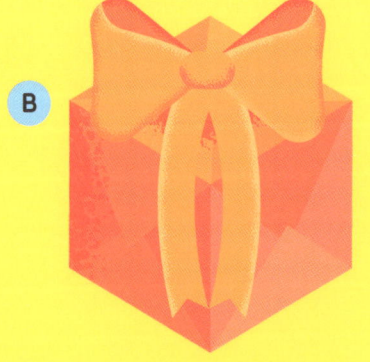

B

5cm x 5cm x 5cm

59쪽

5.4×10^7

1×10^3

10^{16}

4.3×10^1